For my two sons, Maxton and Bronx,
who taught me that anything is possible.

For my husband, Enrique. Thank you for making my dreams come true! I love my family to the moon and back and forevermore.
-L.O.B.

THIS BOOK BELONGS TO:
ESTE LIBRO PERTENECE A:
_____

Cielito Lindo Books, LLC
1809 S Street, Suite 101-192
Sacramento, CA 95811
www.cielitolindobooks.com

The Carousel King and the Space Mission
El Rey del Carrusel y la Misión Espacial

Text Copyright © 2022 by Leticia Ordaz
Illustrations Copyright © 2022 by Yana Popova
Book Design: Katie Weaver
First Edition
All rights reserved.
No part of this book may be used or reproduced in any manner whatsoever without written permission.
Library of Congress Control Number: 2020952817
ISBN: 978-1-7332942-7-0 (eBook)
ISBN: 978-1-7332942-8-7 (Paperback)
ISBN: 978-7332942-6-3 (Hardcover)

THE CAROUSEL KING AND THE SPACE MISSION

EL REY DEL CARRUSEL Y LA MISIÓN ESPACIAL

By **LETICIA ORDAZ**

Illustrated by **YANA POPOVA**

The first time I saw a CAROUSEL was at a visit to the zoo. My parents got me a ticket and we waited in a long line.

La primera vez que vi un CARRUSEL fue durante una visita al zoológico. Mis padres me compraron un boleto y esperamos en una fila larga.

When it was my turn to hop on, I picked Luis, the MAGICAL DRAGON. Mami buckled me in, and the bells rang to start the ride. Suddenly, my heart was pounding too hard, my head was spinning and I screamed:

"Get me OFF of this thing!"

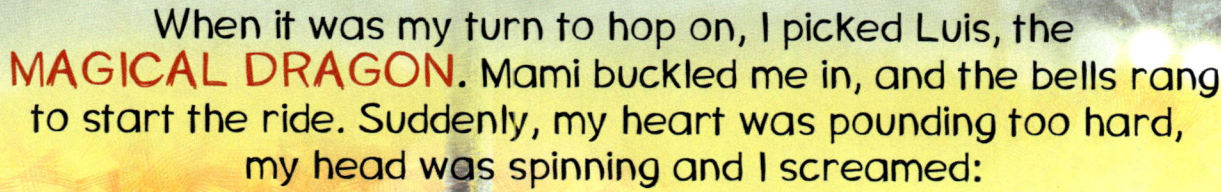

Cuando me tocó subir, escogí a Luis, el DRAGÓN MÁGICO. Mami me aseguró, y las campanas sonaron para que comenzara el viaje. De repente, mi corazón empezó a palpitar muy fuerte, mi cabeza empezó a dar vueltas y grité:

"¡Bájenme de esta cosa!".

I ran to Mami. She asked, "What happened?"

"I was scared I would go flying off and hurt myself," I said.

Fui corriendo hasta Mami. Ella preguntó, "¿Qué pasó?".

"Tenía miedo de salir volando y lastimarme", le dije.

Mami said, "It's okay to be afraid. Do you want to talk about it over churros and go see the animals instead?"

But all I could think of was the CAROUSEL.

Mami dijo, "Está bien tener miedo. ¿Quieres hablar sobre lo que pasó mientras comemos churros y vemos a los animales?".

Pero yo solo pensaba en el CARRUSEL.

Once I was safe at home and in bed, I dreamed of all kinds of CAROUSELS. Some had majestic horses, others had robots, barn animals, and I even saw the fastest carousel in the world with MAGICAL FLAME-BREATHING DRAGONS!

Ya a salvo en mi cama, soñé con todo tipo de CARRUSELES. Unos tenían caballos majestuosos; otros, robots y animales de granja. ¡Incluso vi el carusel más rápido del mundo con DRAGONES MÁGICOS QUE LANZABAN LLAMAS!

The next morning, Mami asked what I wanted to do. I blurted out, "RIDE THE CAROUSEL AT THE ZOO. I want to see how these things work so I can design my own and make them even MORE FUN."

Al día siguiente, Mami me preguntó qué quería hacer. Exclamé: "MONTAR EL CARRUSEL DEL ZOOLÓGICO. Quiero ver cómo funcionan estas cosas para poder diseñarlas yo mismo y que sean aun MÁS DIVERTIDAS".

Mami asked, "Are you sure you're ready to ride? Just yesterday, you screamed so loudly you woke up the lions and made the gibbons freak out."

"I'm sure, Mami. This time, I'M READY."

Mami preguntó: "¿De veras estás listo para montarte? Ayer mismo, tus gritos despertaron a los leones y asustaron a los gibones".

"Estoy seguro, Mami. Esta vez, ESTOY LISTO".

As we walked to the zoo, I could hear the carousel bells from a distance. When we got closer, my hands got sweaty. "Remember what the magical dragon said," I repeated to myself. "I can't be afraid. I will be the CAROUSEL KING."

Mientras caminábamos hacia el zoológico, podía oír las campanas del carrusel a la distancia. Cuando ya estábamos cerca, mis manos comenzaron a sudar. "Recuerda lo que dijo el dragón mágico", me repetía a mí mismo. "No debo tener miedo. Seré EL REY DEL CARRUSEL".

I wiped my hands clean and took a deep breath. I handed over my ticket and buckled into a familiar-looking dragon, READY TO FACE MY FEAR.

Me sequé las manos y respiré profundamente. Entregué mi boleto y me aseguré en un dragón que me parecía conocido, LISTO PARA ENFRENTAR MI MIEDO.

Once it was over, I hugged Mami tight
and we celebrated.
My fear was CONQUERED!
CRUSHED!
STOMPED to the GROUND!

Cuando el paseo terminó,
le di a Mami un abrazo
fuerte y celebramos.
¡El miedo había
sido VENCIDO!
¡APLASTADO!
¡PISOTEADO!

Back at home, I asked Papi, who can build anything, to teach me how CAROUSELS work so I could one day build my own in space.

Al volver a casa, le pedí a Papi, quien sabe construir cualquier cosa, que me enseñara cómo funcionan los CARRUSELES para poder construir mi propio carrusel en el espacio, algún día.

I went to work creating my own creatures for my future CAROUSEL. I drew hundreds of potential rides, each with individual names.

Me puse a trabajar para crear mis propias criaturas del futuro CARRUSEL. Dibujé cientos de posibilidades, cada una con su propio nombre.

My brother Bronx helped too. We built our first CAROUSEL out of building blocks.

Mi hermano, Bronx, también ayudó. Fabricamos nuestro primer CARRUSEL con bloques de construcción.

Bronx got to work building a rocket for our SPACE MISSION.

Bronx está construyendo un cohete para nuestra MISIÓN ESPACIAL.

I love CAROUSELS and one day I will build my own on the Moon. Mami told me I should overcome my fears. Papi taught me that once we figure out how something works, we fear it less. My little brother inspired me to REACH FOR THE STARS.

Me encantan los CARRUSELES y algún día voy a construir uno en la Luna. Mami me dijo que debo superar mis miedos. Papi me enseñó que al comprender cómo funciona algo, le tenemos menos miedo. Mi hermanito me inspira a ALCANZAR LAS ESTRELLAS.

$E = mc^2$
E = Energy
m = Mass
c = Speed of light

Mrs. Chavarría smiled.
"That's right, CAROUSEL KING: if you dream it,
YOU CAN CREATE ANYTHING!"

La Sra. Chavarría sonrió.
"Así es, REY DEL CARRUSEL:
si lo sueñas,
¡PUEDES CREAR
CUALQUIER COSA!".

INSPIRATION AND CREATION!!!

Support from my friends and family help me dream up new ideas.

I'M READY to BLAST OFF into space with our CAROUSEL cargo. Our first stop is the Moon, then, on to Jupiter!

Luis, our MAGICAL DRAGON friend will meet us there.

ESTOY LISTO para DESPEGAR con nuestro CARRUSEL espacial. Nuestra primera parada es la Luna, y ¡luego Júpiter! Allá, nos encontraremos con Luis el Dragón, nuestro AMIGO MÁGICO.

"Bronx, can you believe this?"
"Yes, I can! Let's do this!
Double space mission,
HERE WE COME."

"Bronx, ¿puedes creerlo?".
"¡Sí, puedo! ¡Hagámoslo!
Misión espacial doble:
ALLÁ VAMOS".

Presenting Maxtonland on the Moon and Jupiter! "Remember when I thought I couldn't ride a carousel? Now I've built one on the moon and Jupiter. I am the CAROUSEL KING!"

¡Presentamos a Maxtonlandia en la Luna y en Júpiter! "¿Recuerdas cuando pensé que no podía montarme en un carrusel? Ahora he construido uno en la Luna y otro en Júpiter. ¡Soy el REY DEL CARRUSEL!".

Now it is your turn: What will you CREATE once you OVERCOME YOUR FEARS?

Ahora es tu turno: ¿Qué CREARÁS una vez que SUPERES TUS MIEDOS?

AUTHOR'S NOTE

Maxton encourages us to reach for the stars. Through our book, we hope to inspire all children to go for their heart's desires and believe in themselves no matter their backgrounds. May they grow up to be trailblazers in everything they dream to do.

Numbers show the Latinx community is underrepresented in science and engineering careers. One in four students in the U.S. are Latinx, but according to the Student Research Foundation, they only make up 8% of the STEM workforce. As the first person in my family to graduate from college, I want kids to know they can do anything they set their minds to.

This book was inspired by my son, Maxton's fascination with carousels, the Moon, and Jupiter. It showcases a young boy who discovers his passion for building and creating. By overcoming his fears, and with plenty of determination and encouragement, he blasts off into space in the rocket his little brother assembles. I have encouraged my sons to see the endless possibilities in life. We need to encourage all children to dream big and let their imaginations run wild. You never know, Maxton could one day find a way to explore the biggest planet in our solar system.

Children will hear many NOs in life, but the lesson here is to turn that NO into an eventual YES. At just nine years old, Maxton wrote to the Downtown Sacramento Partnership suggesting they bring a carousel to Old Sacramento to help revive the city's historic landmark. Months later, his wish came true: he and his brother, Bronx, got to be some of the first riders on the new Old Sacramento Carousel. Now, families visit from all over the world and enjoy some adventure because of a little boy's vision.

♡ Leticia Ordaz

Maxton and his letter!

Meet the Carousel King!

NOTA DE LA AUTORA

Maxton nos alienta a soñar a lo grande. Mi esperanza es que, a través de este libro, todos los niños crean en sí mismos sin importar su procedencia. Que crezcan y sean pioneros en todo lo que sueñen hacer.

Las estadísticas demuestran que la comunidad latina no está bien representada en carreras relacionadas con la ingeniería y las ciencias en general. Uno de cada cuatro estudiantes en los EE. UU. son latinos, pero de acuerdo con la Fundación de Investigación Estudiantil, solo constituyen el 8% de los puestos de trabajo relacionados con las ciencias. Como la primera persona de mi familia graduada de la universidad, quiero que los niños sepan que pueden hacer todo lo que se propongan.

Este libro está inspirado en la fascinación de mi hijo Maxton por los carruseles, la Luna y Júpiter. Presenta a un niño que descubre su pasión por construir y crear. Superando sus miedos, y con mucha determinación y aliento, él despega hacia el espacio en el cohete hecho por su hermanito. He alentado a que mis hijos vean el sinnúmero de posibilidades que ofrece la vida. Debemos animar a todos los niños a que sueñen a lo grande y a que den rienda suelta a su imaginación. Uno nunca sabe. Maxton podría en el futuro explorar el planeta más grande de nuestro sistema solar.

Los niños escucharán muchos "no" en la vida, pero la lección de esta historia es que podemos convertir un "no" en un "sí". Con tan solo nueve años, Maxton escribió a Downtown Sacramento Partnership para sugerir que trajeran un carrusel a Viejo Sacramento para ayudar a revivir el histórico emblema de la ciudad. Meses después, su deseo se hizo realidad: él y su hermano, Bronx, fueron de los primeros en montarse en el carrusel nuevo de Viejo Sacramento. Ahora, llegan familias de todo el mundo y disfrutan de una aventura gracias a la visión de un niño.

Maxton and Luis the Dragon

Real horse hair!

FUN FACTS ABOUT CAROUSELS:

The first known carousel ride in the United States operated in 1799 in Salem, Massachusetts. It was called "wooden horse circus ride."

Carousels are one of the oldest amusement rides and are mainly made of wood and metal.

Carousels rotate on a stationary center pole and are powered by electric motors.

Some early carousel horses had manes and/or tails made of real horsehair.

www.HistoryOfCarousels.com

DATOS DIVERTIDOS SOBRE LOS CARRUSELES:

El primer carrusel que se conoce en Estados Unidos operó en 1799 en Salem, Massachusetts. Se llamó "paseo de circo con caballos de madera".

Los carruseles son una de las atracciones más antiguas y están hechos principalmente de madera y metal.

Los carruseles giran alrededor de un poste central fijo y son impulsados por motores eléctricos.

Los caballos de los primeros carruseles tenían melenas y/o colas hechas de pelo de caballo auténtico.

FUN FACTS ABOUT THE MOON

- Although the Moon shines brightly in the night sky, it doesn't produce its own light. We see the Moon because it reflects light from the Sun.

- The Moon is a dusty ball of rock that's roughly a quarter of the size of Earth.

- Its surface is home to mountains, huge craters, and flat planes called 'seas' made of hardened lava.

- On July 20, 1969, American astronauts Neil Armstrong and Edwin "Buzz" Aldrin became the first humans ever to land on the moon. About six-and-a-half hours later, Armstrong became the first person to walk on the moon.

DATOS DIVERTIDOS SOBRE LA LUNA

- Aunque la Luna brilla en el cielo nocturno, no produce su propia luz. Vemos la Luna porque refleja la luz del Sol.

- La Luna es una bola de roca polvorienta que mide, aproximadamente, una cuarta parte del tamaño de la Tierra.

- El 20 de julio de 1969, los astronautas estadounidenses Neil Armstrong y Edwin "Buzz" Aldrin se convirtieron en los primeros humanos en aterrizar en la Luna. Aproximadamente seis horas y media después, Armstrong se convirtió en la primera persona en caminar sobre la Luna.

- En su superficie hay montañas, enormes cráteres y llanuras ('mares') hechas de lava endurecida.

FUN FACTS ABOUT JUPITER

- Jupiter's mass is almost twice of all the Solar System's planets combined. It is 300 times bigger than Earth.

- The planet can be seen with the naked eye; you don't need a telescope or a pair of binoculars to spot it.

- Jupiter has a total of 79 confirmed moons.

- La masa de Júpiter es casi el doble de todos los planetas del sistema solar combinados. Es 300 veces más grande que la Tierra.

- Júpiter se puede ver a simple vista. No es necesario usar telescopios ni binoculares.

- Júpiter tiene un total de 79 lunas confirmadas.

For more fun facts visit CielitoLindoBooks.com

LETICIA ORDAZ

is an award-winning author at the International Latino Book Awards, the largest Latino Book Awards in the world. A proud Mexican-American, Leticia is an Emmy-nominated anchor/reporter in Sacramento, California where she's covered some of the biggest stories in the country.

Only 7% of American children's books feature Latinx characters or subjects, and there are only 10% Latinx authors and illustrators in the U.S. Leticia is working to break barriers and change statistics in this generation!

The Carousel King and the Space Mission is her fourth book. She's excited to share her bilingual stories and diverse characters with children around the world.

Leticia Ordaz es una escritora que ha sido galardonada con el Premio Internacional del Libro Latino, el premio para libros latinos más importante del mundo. Orgullosa mexicana-estadounidense, Leticia es una presentadora de noticias y reportera que ha sido nominada para los Premios Emmy. Vive en Sacramento, California, donde ha cubierto algunas de las historias más importantes del país.

Solo el 7% de los libros infantiles estadounidenses presentan personajes o temas latinos, y solo hay un 10% de autores e ilustradores latinos en los Estados Unidos. Leticia busca derribar barreras y cambiar las estadísticas en esta generación.

El Rey del Carrusel y la Misión Espacial es su cuarto libro.
Es para ella una gran emoción compartir sus cuentos bilingües sobre personajes diversos con niños de todo el mundo.

YANA POPOVA

is an award-winning illustrator based in London. She began painting at age five and continued creating colorful art throughout her education. She is currently a full-time illustrator for children's books, using rich colors to create with both traditional and digital media.

You can learn more about her at YappyArts.com

Yana Popova es una galardonada ilustradora que vive en Londres. Comenzó a pintar a los cinco años y continuó creado un arte colorido a lo largo de sus años de estudio. En la actualidad está totalmente abocada a la ilustración de libros infantiles, y para su creación utiliza ricos colores en medios tradicionales y digitales.

Visit us at
Visítanos en:

CielitoLindoBooks.com

Instagram: @CielitoLindoBooks

Made in United States
Orlando, FL
08 March 2023

30831848R00027